Michael Schneider
Feuerschreie

Feuerschreie

von

Michael Schneider

Rediroma-Verlag

Bibliografische Information der Deutschen Nationalbibliothek:
Die Deutsche Nationalbibliothek verzeichnet diese Publikation in der Deutschen Nationalbibliografie; detaillierte bibliografische Daten sind im Internet über http://dnb.ddb.de abrufbar.

ISBN 978-3-86870-924-7

www.rediroma-verlag.de
10,95 Euro (D)

Inhaltsverzeichnis

Vorwort

Dieses Buch will und muss zunächst einmal ein einziger Schrei sein! Denn wenn wir wie bisher weiter leben wollen, ist diese unsere Welt in absehbarer Zeit am Ende. Und wir sind dafür verantwortlich, wir, ob wir wollen oder nicht, nicht nur die Anderen. Denn eine Trennung zwischen uns und den Anderen gibt es hier nicht. Uns wurde diese unsere Welt gegeben, damit wir sorgsam mit ihr umgehen, nicht zum Entsorgen! Und wir haben nur diese eine Welt, eine Reservewelt gibt es nicht! Diese Verantwortung nimmt uns niemand ab. Wir können uns ihr nicht entziehen. Dazu soll dieses Buch Sie, liebe Leserin und lieber Leser, aufrütteln! Zugleich will es uns alle ermutigen, diese unsere Verantwortung anzunehmen. Das ist möglich, und es lohnt! Ja, es kann sogar sehr interessant werden, spannend und auch mühsam. Wir werden verzagt sein, verzweifelt. Aber so, wie aus einem kleinen Schneeball eine mächtige Lawine, aus einem Rinnsal ein gewaltiger Strom wird, der Schiffe tragen und Kraftwerke antreiben kann, so können auch wir machtvoll werden und letztlich verhindern, dass die Mächtigen dieser Welt selbige verbrauchen, entsorgen und damit letztlich die eigenen Kinder umbringen, deren und unsere Kinder! Und es ist möglich! Wir können es schaffen, wir müssen es schaffen, und wieso eigentlich nicht?

Aber nicht nur um die Schreie unserer Umwelt geht es, sondern auch um die Schreie der Seele. Diese schreit auf ihre Art, oft leise, nicht leicht zu verstehen. Sie kann auch brennen, frieren, schreien, aus lauter Not heraus stumm erstarren, und das alles gleichzeitig. Darum enthält dieses Buch auch Leises. Gerade diese leisen Schreie sind nicht zu unterschätzen und misszuverstehen!

Doch dieses Buch will noch mehr! Es möchte viele Facetten unseres Lebens aufzeigen, nicht selten mit Ironie oder auch einem liebevollen Lächeln. Denn Mut zur Lebensfreude ist nur allzu wichtig. Am Ende bleiben offene Fragen. Ja, auch dazu möchte dieses Buch Sie anregen, zum Fragen!

Liebe Leserin, lieber Leser, versuchen Sie nicht, dieses Buch in einem Zug von vorne bis hinten durchzulesen. Dazu ist es viel zu schwere Kost. Nehmen sie diese lieber portionsweise zu sich, nutzen Sie die Bilder zum Atemholen. Dazu sind sie gedacht, auch zum Erfreuen. Denn die Feuerschreie möchten Sie aufrütteln, ohne Sie zu erschlagen, möchten Ihnen zugleich Mut machen und Raum zur Besinnung geben, Sie mitnehmen.
Kommen Sie mit!
Hamburg, im Spätherbst 2015

Feuerschreie-Trilogie

1. Ich schreie, weil ich brenne

Ich schreie, weil ich brenne!
Und ich muss brennen,
damit ich schreien kann!
Ganz laut!
Schreit mit mir, weil Ihr mit mir brennt!
Ganz laut!
Ich schreie, weil ich brenne!
Lese ich die Zeitung,
wird mir schlecht!
Höre oder sehe ich Nachrichten,
möchte` ich verbrennen.
Nicht mich selbst,
NEIN!
Sondern all` das,
was Menschen Menschen tun
und wie sehr wir alle handeln
oder eben nicht handeln,
damit diese unsere Welt
keine Zukunft mehr hat,
und damit auch wir nicht!
Ich schreie, weil ich brenne!

Und ich muss brennen,
damit ich schreien kann!
Ganz laut!
Schreit mit mir, weil Ihr mit mir brennt!
Ganz laut!
Schreit mit!
Mit allem, was Ihr habt!

2. Ich schreie, weil ich friere

Ich schreie, weil ich friere
Und ich muss frieren,
damit ich schreien kann.
Ganz leise.
Schreit mit mir, weil Ihr mit mir friert.
Ganz leise.
Schreit mit mir
nach dem anderen Feuer,
das wärmt
und nicht verbrennt
oder gar tötet.
Damit es in uns brennen kann
Für uns
und andere Menschen,
die anders sind,
anders aussehen,
anders denken.
Es soll auch wieder brennen,
damit wir in jeder Kreatur
uns selbst,
unsere Vergangenheit
und Zukunft
wieder erkennen
und möglich machen.
Mit uns schreit jede Kreatur
Ganz leise

Ich schreie, weil ich friere
Und ich muss frieren,
damit ich schreien kann.
Ganz leise.
Schreit mit mir, weil Ihr mit mir friert.
Mit aller Kreatur.
Ganz leise.
Aber unüberhörbar.

3. Ich brenne, weil ich friere

Ich brenne, weil ich friere.
Und ich muss frieren,
damit ich brennen kann.
Ganz stark!
Brennt mit mir, weil Ihr mit mir friert.
Friert mit mir,
damit Ihr brennen könnt.
Ganz stark!
Wir frieren, weil wir sehen,
was um uns herum geschieht
und es zunächst nicht ändern können.
Das kann einen in den Wahnsinn treiben,
oder in die Resignation,
oder in den Tod.
Wie viele Menschen sind schon innerlich erfroren!
Darüber gibt es keine Statistik!
Lasst uns zusammen brennen, weil wir frieren.
Dann, aber auch nur dann
kann unser Feuer mächtig werden,
mächtiger als alle Mächtigen unserer Zeit,
die doch in Wahrheit selbst ohnmächtig sind,
das Wissen um diese Wahrheit aber nicht zulassen,
weil sie sie nicht ertragen könnten.
Ich brenne, weil ich friere.
Und ich muss frieren,
damit ich brennen kann.
Ganz stark!

Brennt mit mir, weil Ihr mit mir friert.
Friert mit mir,
damit Ihr brennen könnt.
Ganz stark!

Der freie Mann

Es gibt ihn noch, den freien Mann!
Er spricht stets offen, eckt oft an!
Und ist sein Einfluss auch noch klein,
fängt er sich doch viel Ärger ein.

Grad denen, die mit Kompromissen
betäuben täglich ihr Gewissen,
tritt er mit Wonne auf den Fuß
und sorgt damit für viel Verdruss.

Bei ihm gilt nur nein oder ja,
schwarz oder weiß, falsch oder wahr.
Er ist der Unehrlichkeit Feind,
weil dort nichts so ist, wie es scheint.

Er ist politisch nicht korrekt.
Vom Zeitgeist völlig unbeleckt
denkt er stets ungeschminkt und pur,
ist kraftvoll, unbequem und stur.

Der Mann ist fremd in dieser Zeit,
denn er denkt klar und sieht sehr weit
über das Hier und Jetzt hinaus,
ist nirgendwo so recht zuhaus`.

Er gibt nie auf, und das ist gut,
denn nur mit seiner Art von Mut,
uns nicht am Zeitgeiste zu laben,
können wir eine Zukunft haben.

Träumer an die Macht

Träumer an die Macht!
Denn die bisherigen Machthaber zeigen nur,
dass sie unfähig sind, das zu tun,
was sie eigentlich tun müssten,
nämlich
uns allen eine Zukunft zu geben.

Träumer an die Macht!
Denn nur wenn ewiges Wachstum als Irrsinn erkannt,
als solcher gebrandmarkt
und in unserem Wertesystem überwunden worden ist,
ist Zukunft möglich.
Aber auch nur dann!

Träumer an die Macht!
Denn trennende Ideologien müssen überwunden werden,
und alle Menschen endlich erkennen,
dass niemand mehr Recht hat als andere,
einen Alleinvertretungsanspruch an Erkenntnis besitzt,
und Gewalt ein Zeichen von Schwäche ist.

Träumer an die Macht!
Denn wenn denjenigen, die glauben,
Konflikte mit Gewalt lösen zu können,
die Waffen weggenommen werden,
können die unschuldig Betroffenen
ohne Angst leben.

Träumer an die Macht!
Denn wenn nicht zuende gedachte Technologien
nicht realisiert werden,
braucht es weder die Asse noch Gorleben,
weder Genmais noch Massentierhaltung
und auch nicht die meisten Medikamente.

Träumer an die Macht!

Die Anderen und die Einen

Wir brauchen Strom, Erdöl und Gas,
sagen die Anderen.
Und wir, die Einen, haben letztlich den Preis zu zahlen.
Atomstrom ist billig,
sagen die Anderen.
Und wir, die Einen, haben die Folgen zu tragen.
Erdgas kann man mittels Fracking aus der Erde holen,
sagen die Anderen,
und wir, die Einen, bekommen vergiftetes Trinkwasser!
Konsum ist alles,
sagen die Anderen.
Und wir, die Einen,
setzen gehorsam die Scheuklappen auf.
Nahrung muss billig produziert werden,
sagen die Anderen,
und wir, die Einen, essen jeden Dreck.
Tiere sind Sachen und als solche zu behandeln,
sagen die Anderen,
und wir, die Einen, schauen schweigend dem Leiden zu.
Mobilität ist ein menschliches Grundbedürfnis,
sagen die Anderen,
und wir, die Einen, machen brav mit.
Krankheit bekämpft die Pharmaindustrie,
sagen die Anderen.
Und wir, die Einen, schlucken jedes Medikament.

Wir wissen, was für Euch gut ist,
sagen die Anderen,
und wir, die Einen, nicken dazu!
Ihr braucht kein eigenes Gewissen,
sagen die Anderen.
Und wir, die Einen, haben vergessen, was das ist!

Obwohl wir, die Einen, es ja eigentlich viel besser wissen.
Oder zumindest wissen könnten.
Machen wir, die Einen, uns doch einmal gerade!
Fangen wir an!
Gleich jetzt!
Wir, die Einen.

Deutsch-Amerikanische Freundschaft

Versuch einer Satire

Amerika, die menschliche Müllkippe der Alten Welt.
Wer hier keine Chance sah, dem Elend zu entfliehen,
wanderte aus in die Neue Welt.

Aber auch hier haben Menschen das Elend überwunden.
Das war also prinzipiell möglich.
Dazu musste man nicht auswandern.

In Amerika lebten damals bereits Menschen,
sogar mit der Natur, nicht gegen sie.
Das Land war also auf uns nicht angewiesen.

Doch dafür, dass wir Europäer Amerika besiedelten,
haben wir ja die Quittung bekommen,
Fastfood, SHELL, FBI, Coca Cola und so.

Auf dem Altar des Geldes wird bis heute alles geopfert,
sogar die Demokratie,
die gerade amerikanische Politiker so gern im Munde führen.

Wenn das Columbus alles gewusst hätte,
ich glaube, dann hätte er Amerika lieber nicht entdeckt,
wäre er wohl gar nicht erst losgesegelt.
Deutsch-Amerikanische Freundschaft
Oder
God bless America

Geiz ist geil

Geiz ist geil und ich muss kotzen!
Werbung preist laut „Billig“ an.
Dafür muss manch andrer klotzen,
der sich niemals wehren kann!

Kinder, Frauen fremder Haut
arbeiten von früh bis spät
dort, wo niemand recht hinschaut,
wo das Leben anders geht.

Und wir schau`n auf die herab,
von Moral sprechen wir gerne,
bringen jene früh ins Grab
aber schön aus weiter Ferne.

Und sogar zu manchem Mord
wir am Ende fähig sind:
Wir werfen viel Nahrung fort.
Pro Sekunde stirbt ein Kind!

Nein, das kann und darf nicht sein!!!!
Fair Trade ist ein erster Schritt.
Lasst Euch auf das Neue ein!
Und kommt alle, alle mit!!!!

Geld regiert die Welt

Geld regiert die Welt.
Geld kennt keine Gnade.
Geld verzeiht keine Fehler.
Geld versteht nur Logik.
Geld kennt keine Empathie.
Geld ist menschlich, denn
Menschen können gnadenlos sein,
nur auf ihren Vorteil bedacht,
auf ihr Geld, denn
Geld regiert die Welt
wie ein Diktator.
Stalin
Hitler
Idi Amin.
Bislang hat noch jeder Diktator
seine eigene Welt zugrunde gerichtet.
Und damit all` die Menschen,
die auf und in ihr lebten,
unschuldig mit.
Und Geld regiert die Welt.
Ein schöner Regent!
Geld stinkt nicht,
sagt man.
Wirklich nicht?
Mir schon, und zwar gewaltig!
Nur mir?

Hoffentlich nicht, denn:
Dann gäbe es ja nicht einmal mehr
Grund zum Träumen
geschweige denn
Hoffnung.
Lasst uns das Geld wieder zu dem machen,
was es ursprünglich war,
zu einem Diener.
Damit wir wieder
Grund zum Träumen gewinnen
und Hoffnung
und eine Zukunft.

Hoffen

Politikern geht es eiskalt
ausschließlich um den Machterhalt.
Es mangelt stets an Klarheit
und leider auch an Wahrheit.
Für Wachstum zahlt man jeden Preis,
obwohl jeder es besser weiß.
Sachzwänge werden vorgeschoben
Lügengespinste fortgewoben.
Vor dem, was wirklich nötig ist
weicht man nur aus mit aller List.
Ein dreifach Hoch dem Konjunktiv,
mit dem bewahrt man jenen Mief,
den schon die 68-er kannten,
und leider sich daran verbrannten.
Nach ihnen kamen dann die Grünen,
die anfangs zukunftsfähig schienen,
bis sie sich etablierten
und damit resignierten.
Und was kommt dann, was kam danach?
Ich schlafe halb und bin halb wach,`
Wünsch, meine Zukunft wär` noch offen,
und kann in Wahrheit kaum mehr hoffen!

Ich möcht` so gerne wissen, ...

was man uns allen stets aus Leibeskräften
verschweigt.
Und wüsste auch nur allzu gern, wer das denn ist oder sind,
und warum.

Warum wir nicht mehr für gesunde Lebensmittel
gesunde Preise zahlen dürfen,
so dass wir, die Verbraucher, Verkäufer/innen, Landwirte und
Tiere
gesund überleben können.

Warum in diesem unseren Lande viele Menschen
vom Lohn ihrer Arbeit nicht leben können dürfen,
während gleichzeitig andere Menschen sogar noch viel Geld
bekommen,
wenn sie beruflich versagt haben.

Warum bei uns riesige Mengen Nahrungsmittel weggeworfen
werden,
während gleichzeitig woanders Menschen verhungern,
warum für Prestigeobjekte weltweit enorme Wassermengen
vergeudet werden,
während gleichzeitig Menschen und Tiere verdursten.

Warum Integration bei uns nicht erzwungen werden kann,
damit die nächste Generation,
die ja unsere Zukunft sein muss,
auch eine solche haben kann.

Ach, ich möcht` so gerne vieles wissen!
Besonders gerne wüsste ich, was das ganze soll!
Frage ich weiter, finde ich bisher nur Bitterkeit,
Hoffnungslosigkeit und Verzweiflung.

Ich möcht` so gerne wissen, wie
und warum sich noch ein Weiterleben lohnt.
Ich möchte gerne leben!
Und wissen, wozu.

?

?

?

?

Mensch, halt ein

Bliebst Du je ein Weilchen stehen,
schautest `rauf zum Himmelszelt?
Sahst Du je die Zeit vergehen,
die Gott in den Händen hält?
Mensch, halt ein!
Das darf sein!

Rennst Du weiter, unverfroren,
hast Du Dich doch selbst verloren,
stirbst an Deiner Jagd nach Geld
und zertrittst dabei die Welt!
Mensch, halt ein!
Lass das sein!

Diese Welt ist uns gegeben
nur zu Lehen, wie das Leben!
Machen wir es uns bewusst,
leben wir mit neuer Lust!
Mensch, halt ein!
Das muss sein!

Fangen wir nicht irgendwann,
nein, am besten jetzt gleich an
alles Falsche loszulassen,
alles, was nicht echt, zu hassen!
Mensch, halt ein!
Das wird sein!

Bliebst Du je ein Weilchen stehen,
schautest `rauf zum Himmelszelt?
Sahst Du je die Zeit vergehen,
die Gott in den Händen hält?
Mensch, halt ein!
Das darf sein!

Salz der Erde

Wir sollen das Salz der Erde sein.
So steht es in der Bibel.
Salz soll dazu dienen,
Speisen bekömmlicher zu machen.
Salz wirkt, indem es auf seine Umgebung wirkt.
Das kann sehr segensreich sein,
wenn es richtig dosiert wird
und an die richtigen Stellen kommt.
Sonst wird es übel, ja, gefährlich!
Wir können also sehr segensreich sein,
wenn wir an die richtigen Stellen kommen
und dort wohl dosiert unsere Wirkung entfalten.
Salz darf nicht an die falschen Stellen gelangen.
Wir dürfen nicht an die falschen Stellen kommen.
Man darf es nicht in Wunden reiben.
Und Salz ist wasserlöslich.
In jedem Boden gibt es Wasser.
Das löst Salz und bildet Höhlen,
immer mehr.
Und läuft nach.
Gorleben.
Asse.

Wir sollen das Salz sein,
nicht der Salzstreuer,
und schon gar nicht die Hand,
die den Salzstreuer führt.
Davon steht nichts in der Bibel,
und das ist auch gut so!
Das dürfen wir nicht,
weil wir es nicht können,
wir Zauberlehrlinge.
Nur wenn wir das stets bedenken,
können wir werden,
was wir sein sollen:

Salz der Erde.

Sand oder Wind

Sind wir nur Sand oder doch Wind?
Sind wir erwachsen oder Kind?
Macht unser tägliches Gewimmer
Nicht alles letztlich noch viel schlimmer?

Das Kind will Wind sein, hat noch Mut,
Erwachsene sind auf der Hut,
sie halten Kindermut für Tand,
und sind am Ende doch nur Sand.

„Das geht nicht“, hör` ich Euch schon sagen,
„träum weiter, Gutmensch, nach paar Tagen
oder auch Jahren wirst Du seh`n,
auch Du musst diesen Weg mitgeh`n“.

Mich kotzt das an! Denn eins ist klar:
Machen wir weiter Jahr für Jahr,
so wie bisher im Einerlei,
Ist unsere Zukunft längst vorbei!

Sind nur die Anderen der Wind,
und wir noch schwächer als ein Kind,
haben wir hier doch nichts verloren
und wären besser nicht geboren.

Doch muss das alles wirklich sein?
Wie wäre es mit einem „Nein“
zum Wegwerfen von Nahrungsmitteln,
statt nur privat herumzukritteln?

Fangen wir selbst zu blasen an
Zunächst ganz sachte, Frau und Mann.
Blasen wir uns die Augen frei
Und locken andere herbei.

Am Ende sind dann wir der Wind,
und nicht der Sand, viel mehr als Kind
haben wir Mut dann und Erfahrung
und jeder Mensch auf Erden Nahrung!

Schwarzlicht

Wenn wir – ich meine nur `mal so –
durchs Weltall fliegen könnten
und fänden eine andere Welt.
Was dann?

Oder wir dreh`n es einmal um,
und unsere Welt würde gefunden
von anderen Wesen mit Herz und Verstand.
Was dann?

Und sähen die Welt,
welche auch immer,
durch einen Schwarzlichtfilter an.
Was dann?

Erkennten nur das Wesentliche,
das man bei uns geflissentlich
stets übersieht.
Was dann?

Man würde das Leben,
wie es geführt wird,
in Frage stellen.
Was dann?

Steuerreform

Es kann nicht sein, ist blanker Hohn
dass hier im Land niedriger Lohn,
der an des Menschen Würde frisst,
nicht überall verboten ist!

Drum fordere ich ungeheuer
und frech eine Maschinensteuer!
Die Steuer auf den Lohn entfällt,
damit des Menschen Arbeit zählt!

Macht Automatisierung teuer,
streicht auf den Arbeitslohn die Steuer,
und gebt damit zum wahren Glück
die Würde uns allen zurück!

Frieden schaffen

„Frieden schaffen ohne Waffen!“
riefen einst die grünen Affen,
wollten „Schwerter zu Pflugscharen“
in den achtundsechzger Jahren,
forderten Revolution,
ach, das kennen wir ja schon.
Mao-Bibel, Ho Tschi Minh,
freie Liebe ohnehin.
Und den Muff aus Tausend Jahren
Fand man unter den Talaren.

Was ist uns davon geblieben?
Wohin hat es die getrieben,
die mit Herzblut und Parolen,
Strickzeug und löchrigen Sohlen
Ihren Eltern Angst gemacht,
weil sie einfach quer gedacht?
Die Ideen waren gut,
und bewundernswert der Mut.
Doch diese Menschen sind bis heute
Des so bekämpften Systems Beute.

Waffen

Die Waffenindustrie schreit laut,
dass man die vielen Waffen baut,
damit man nicht mit ihnen schießt
und ja kein Menschenblut vergießt.
Damit hier wirklich nichts passiert,
werden die Waffen exportiert,
die unsere Bundeswehr nicht braucht,
damit der eig`ne Schornstein raucht.
Zwar wird die Stimmung uns vermiest,
wenn man mal in der Zeitung liest,
dass Polizei, auch hoch zu Ross,
auf unschuld`ge Studenten schoss,
dass Drogendealer, Diktatoren
und auch Rebellen unverfroren
auf unschuldige Menschen schießen
die lediglich das Haus verließen.

Doch alles das lässt mich nicht ruh`n!
Dagegen müsste man `was tun:
Zu Löffeln um schmiedet man Messer,
denn damit isst es sich viel besser
Auch Sprengstoff niemand mehr verletzt,
denn der würde durch Sand ersetzt.

Der nächste Schritt ist kurz und knapp
dann der, man schafft die Waffen ab!
Die Folgen wär`n nicht auszudenken!
Man könnte sogar Steuern senken!
Denn das Geld für die Bundeswehr,
das brauchen wir ja dann nicht mehr,
könnten vom Schrottpreis profitieren,
sogar in Bildung investieren,
uns an gesunder Nahrung laben
und sogar eine Zukunft haben!

Verwandte

Wie geht man mit Verwandten um,
konkret und allgemein?
Ich stelle mich bewusst `mal dumm,
gieß` Wasser in den Wein.

Nicht nur die Menschen meine ich,
auch Pflanz` und Tier dazu.
Was man dort sieht, ist fürchterlich
und raubt mir meine Ruh`!

Die Nahrungsmittelproduktion
läuft stets auf hohen Touren.
Doch bunte Tierpopulation,
die fehlt in Wald und Fluren.

Ein Huhn hat Anspruch auf den Platz
einer DIN A 4-Seite.
Sonst macht die Lobby gleich Rabatz,
da geh`n die Firmen pleite!

Und dann ist da noch die Chemie,
sie kommt hier sehr zu Ehren.
Man spritzt die Tiere wie noch nie,
die können sich nicht wehren.

Auf Felder spitzt und pumpt man dann
viel Gifte und die Gülle.
Und im Trinkwasser findet man
das Zeug in Hüll` und Fülle!

Wie geht man mit Verwandten um,
konkret und allgemein?
Ich stelle mich bewusst `mal dumm,
gieß` Wasser in den Wein.

Wenn die Welt nur einmal zuckt

Wenn die Welt nur einmal zuckt,
sind wir weg.
Und sie hat schon oft gezuckt,
wenn jemand auf ihr
das Ende seines Weges erreicht hatte.
Kohlezeit
Kreidezeit
Unsere Zeit?
Wir brauchen nun `mal diese Welt.
Sie braucht uns nicht.

Wenn die Welt nur einmal zuckt,
sind wir weg.
Und was machen wir?
Wie gehen wir mit ihr um?
Wir misshandeln sie,
beuten sie aus,
vergiften sie
und alles, was auf ihr lebt.
Wir geben ihr Grund,
zu zucken.

Wenn die Welt nur einmal zuckt,
sind wir weg.
Doch wollen wir das?
Ich nicht!
Ihr auch nicht!
Ich will leben!
Und Ihr auch!
Tun wir also, was wir können, denn:
Wenn die Welt nur einmal zuckt,
sind wir weg.

Leben in allen Facetten

Ich liebe die vollen Züge

Ich liebe die vollen Züge,
in denen Leben gelebt werden will.
Ich glaube nicht der alten Lüge,
Leben pur wäre zu leben zu schrill.

Ich möchte zerbrechen beinahe am Schmerz,
und fast bis zum Wahnsinn mich freuen,
zerbricht auch die Trauer dabei fast mein Herz,
ich werde kein Stück je bereuen.

Gewiss bin ich schwächer sogar als ein Flaum,
hab` weniger Kraft als ein Wurm
und doch bin ich stärker als ein Eichenbaum,
ich stell` mich und trotz` jedem Sturm!

Ich liebe die vollen Züge,
in denen Leben gelebt werden will.
Ich glaube nicht der alten Lüge,
Leben pur wäre zu leben zu schrill.

Kann man aber

oder

Suizid ist auch keine Lösung

Dass die Runde,
die wir gerade auf dieser Erde drehen,
nur eine von mehreren ist,
die wir hier zu drehen haben,
muss man nicht so sehen,
kann man aber.

Dass Materie und Energie
nicht vernichtet, wohl aber lediglich
ineinander verwandelt werden können,
haben die Wissenschaftler erforscht.
Das muss man nicht verstehen,
kann man aber.

Wenn es sich mit dem Leben
genauso verhält wie Materie und Energie,
auch Leben also nicht vernichtet werden kann,
dann ist Suizid auch keine Lösung.
Das muss man nicht glauben,
kann man aber

Advent

Advent.
Zeit der Erwartung.
Warten.
Warten worauf?

Auf das große Geschäft?
Auf Umsatzzahlen?
Auf Geschenke?
Oder? –

Advent.
Zeit der Erwartung.
Warten.
Warten worauf?

Eigenartig

Gerade in der Weihnachtszeit
Wird Stille tot gebrüllt.
Eigenartig.

In Kaufhäusern ertönt dröhnend laut
Stille Nacht.
Eigenartig.

Und wenn man in der Bibel nachschaut,
sucht man „Kommerz“ vergeblich.
Eigenartig.

Wohl kein anderes christliches Fest
Wird so verkitscht.
Eigenartig.

Zum Fest der Liebe wird vielen Menschen
ihre Einsamkeit bewusst.
Eigenartig.

Weihnachtszeit ist die Zeit
der meisten Selbstmorde im Jahr.
Eigenartig.

Würden wir wirklich Weihnachten feiern,
fänden uns Andere
Eigenartig.

Aber wäre das denn wirklich so schlimm?

Weihnachtsfreude

Zu Dir zu finden, ist sehr schwer,
obwohl die Suche sicher lohnt.
Der Weg, scheint mir, ist unbewohnt.

Den Stern zu sehen, ist sehr viel.
Ich bin gewiss: Du bist mein Ziel.
Doch etwas hindert meinen Schritt:
Auf meinem Weg kommt niemand mit.
Ich bin allein,
möcht` es nicht sein,
doch man sagt: „Nein!
Du seltsam unruhiger Wicht,
lass uns in Ruh` und störe nicht
uns`re schöne Zufriedenheit.
Wir feiern so, wie alle Zeit.
Geh, such und trag allein die Last.
Wenn Du Dein Ziel gefunden hast,
dann kannst Du uns davon erzählen;
oder auch nicht, Du kannst ja wählen.“

Zu Dir zu finden, ist sehr schwer,
obwohl die Suche sicher lohnt.
Der Weg, scheint mir, ist unbewohnt.

Die blaue Blume

Lass uns einander in die Augen seh`n,
und dort, im Spiegelbild der Seele,
uns an der blauen Blume freu`n,
die tief im Herzen blüht.

Lass uns ihr keinen Namen geben,
denn ein jeder würd` sie brechen,
und ihre Blüte
würde welken.

Lass uns sie gießen ebenso
Mit Freiheit wie Geborgenheit,
mit Phantasie wie Zärtlichkeit
und Treue für die Wurzeln.

Lass uns einander in die Augen seh`n,
und dort, im Spiegelbild der Seele,
uns an der blauen Blume freu`n,
die tief im Herzen blüht.

Die welke Blume

Liebe, du selt`ne Blume
Wer war es, der dich brach?

Einst wuchsest du in einem fremden Land.
Vorsichtig tastend fanden wir
Blumen,
und unter diesen warst auch du,
ganz still verborgen.

Doch schau`n wir heut` auf uns`re Spur,
so seh`n wir nur
zertret`ne Blumen.
Und unter diesen liegst auch du
welk und tot.

Liebe, du selt`ne Blume,
war ich es, der dich brach?

Die Kerze

Sie brannte lange ruhig,
die Kerze.
Sie gab mit Wärme, Licht
und auch Geborgenheit
uns alles,
was wir so sehr brauchten.

Doch jetzt beginnt ihr Licht zu flackern.

Lasst uns nun suchen, dass wir
den kalten Wind abhalten
von der Kerze,
damit es nicht erlischt,
das flackernde Licht,
das wir so sehr brauchen.

Die Spur im Sand

Du warst uns Weg
bis Du gingst.
Doch heute bist Du
die Spur im Sand.

Der Sand, das sind wir.
Die Spur, die bleibt,
die Spur bist Du,
die Spur im Sand.

Fort

Nun bist du fort,
und wir,
wir können's nicht
begreifen.
Du bist am Ziel,
die du so lange bei uns warst.
Wir rufen dich!
Doch deine Stimme schweigt.
Denn du bist fort,
und wir,
wir können's nicht
begreifen

Die Vergangenheit

Wenn ich dich – stets von weitem nur –
oft wohlig-gern betrachte,
bist du wie ein Kaleidoskop
in großer Kinderhand.
Von ferne bist du schön
und manchmal etwas bitter.
So lieb` ich dich,
solang` du mir nicht wirklich nah`.
Doch wenn ich dich mit Händen greif`
Und Teile von dir ohne Maske seh`,
wird manch ein Bild zur Fratze.
Sollte es einstmals mir beschieden
sein, dich ganz – und nicht nur deine schönen Seiten –
als Teil von mir selbst zu begreifen,
dann bin ich ich,
dann kann ich `s sein.

Windkind

Ist die Luft an dem Sandstrand
Ganz gesättigt vom Strandsand
Macht Erinnern an Kindwind
Auch Dich wieder zum Windkind.

In des Urlaubes Eiszeit
Findest Du Deine Weisheit,
die Dich durch Deine Zeit weist
und Dich Du selbst zu sein heisst.

Lässt Du zurück den Sandstrand,
ganz gesättigt vom Strandsand
lebst Du wieder im Kindwind,
bleibst tief drinnen das Windkind.

Heimat

Heimat zu haben, heißt,
irgendwo zuhause sein zu können,
und es heißt auch, immer wieder
Boden unter den Füßen zu haben,
oder zumindest zu bekommen.
Versuch` das `mal in einer virtuellen Welt!
Versuche doch `mal, dort zu atmen,
den Duft von frischem Heu zu riechen,
barfuß durch Gras zu laufen,
mit Freunden ein Bier zu trinken,
eine Frau zu lieben
oder einen Mann
oder vieles mehr.
Versuch` das `mal in einer virtuellen Welt!
Das geht nicht, wirst Du sagen,
das ist doch großer Quatsch!
Gewiss, das ist es, keine Frage,
doch denke über eine andere nach:
Wenn das alles in einer virtuellen Welt nicht geht,
wozu brauchen wir sie dann,
wenn wir in ihr niemals
zuhause sein können?

Meine Stadt

Du, meine Stadt, da ich geboren,
du bist mir immer wieder neu.
Als Heimat hab` ich dich verloren.
Du bleibst Dir nur im Wandel treu.

Wo sind die Mauern, wo der Fluss,
die Insel, die das Herz Dir war?
Wo blieb der Eisenbahnen Ruß,
und wo der alten Freunde Schar?

Die Zeit ist drüber weggegangen
Mit stetig gleich bleibendem Schwung,
doch bleibst als Heimat du gefangen
nur in meiner Erinnerung.

Nun lebe wohl, du Stadt von heute,
die sich verändert Jahr um Jahr.
Mit ihnen ändern sich die Leute,
von fern grüßt dich ein alter Narr.

Tempo

Das waren noch Zeiten,
als man unter „Tempo“ einen „Tempo“ verstand.
Ein Tempo war sehr praktisch, aber:
So richtig Tempo machte man mit einem Tempo nicht.

Doch irgendwie reichte das Tempo aus,
das man mit einem Tempo fahren konnte.
Und außerdem kam man mit einem Tempo auch an,
meistens wenigstens.

Heute gibt es den Tempo höchstens noch als Oldtimer.
Auch unser Tempo von damals,
als das Tempo eines Tempo noch ausreichte.
ist nicht mehr zeitgemäß.

Und wir, denen auch heute
das Tempo eines Tempo ausreichen würde,
sind auch wir Oldtimer?
Aus der Zeit gefallen?

Oder haben wir uns lediglich das Wissen bewahrt,
dass Tempo nicht alles ist?
Dass das Leben nicht jedes Tempo verträgt,
an zu viel Tempo sogar zerbrechen kann?

Machen wir doch einen Schritt zur Seite,
verlassen wir einmal das Hamsterrad.
Doch achten wir dabei darauf,
dass wir die Grille im Gras nicht zertreten.

Treibsand

Wenn neue Erlebnisse und Eindrücke einen Menschen
über einen tiefen Schmerz hinwegbringen,
gilt das als Beweis für den Spruch
„Die Zeit heilt alle Wunden".
Doch wahr ist das nicht, denn
bisweilen kehrt der Schmerz zurück und brennt
kein bisschen weniger als beim ersten Mal.
Und die Erkenntnis, dass die Wunde
immer noch offen ist,
so offen wie damals,
ist wie Salz, das
erneut hineingerieben wird.

All` diese neuen Erlebnisse, die einem
zunächst über den Schmerz hinweg helfen,
und scheinbar Wundheilungsmittel der Zeit sind,
erweisen sich letztlich als Treibsand,
Treibsand des Lebens, der
über die offene Wunde geweht
bisweilen auch wieder weggeblasen wird.
Dann ist die Wunde wieder offen und brennt
wie damals, beim allerersten Mal.
Zeit heilt keine Wunden.
Sie ist nicht mehr als der Raum,
den wir mit unserem Leben füllen.

Zeit

Sekunden fallen in das Meer
zurück, aus dem sie kommen;
und werden nie wieder sein.
Sie sind.

Ich schwamm sehr lange in jenem Meer
und fragte manche: „Wo kommst Du her?“,
und hörte doch nur:
Sie sind.

Sie fallen und sind.
Sie werden nicht sein
und sind nicht gewesen.
Sie sind.

Sind es denn viele, die es dort gibt?
Sind sie verschieden denn oder stets gleich?
Es sei, wie es sei.
Sie sind.

Sekunden fallen in das Meer
zurück, aus dem sie kommen;
und werden nie wieder sein.
Sie sind.

Je älter wir werden
oder
Das größte Geschenk

So ein Alter ist doch eigentlich eine tolle Erfindung,
so ziemlich das größte Geschenk unseres Lebens.
Und dieses Geschenk wird umso wertvoller,
je älter wir werden!

Machen wir es uns doch einmal bewusst:
Je älter wir werden, desto mehr Fehler haben wir bereits gemacht,
und desto weniger bleiben uns noch zu tun,
je älter wir werden!

Uns eine Zukunft aufzubauen,
haben wir nicht mehr nötig, das haben wir bereits längst getan.
Sie wird mehr und mehr unsere Vergangenheit von heute,
je älter wir werden!

Unsere Klugscheißereien von früher
verkaufen wir heute als Weisheiten des Alters.
Und als solche werden sie umso mehr angenommen,
je älter wir werden!

Selbst unsere Faulheit von früher
Gesteht man uns heute zu als Erholung vom Leben,
und das umso mehr,
je älter wir werden.

So ein Alter ist doch eigentlich eine tolle Erfindung,
so ziemlich das größte Geschenk unseres Lebens.
Und dieses Geschenk wird umso wertvoller,
je älter wir werden!

Überleben

Lass mir den Raureif,
unter dem es meine Seele manchmal friert.
Sie braucht ihn.

Zerstöre nicht das Eiskristall,
das mein Herz angstvoll einzig ziert
in ungewissen Stunden.

Hilf mir nicht finden,
siehst Du mich irrend suchen in Nebelschwaden
mit brennend-müden Augen,

und sag kein Wort,
wenn mein Mund furchtvoll lautlos schreit
in totenstiller Einsamkeit.

Nur wenn Du das kannst,
kann auch ich mit Dir in Wärme
überleben.

Sonnenuntergang

Der Tag war lang, die Sonne schien
von früh bis spät auf uns herab.
Sie leuchtete, wärmte oft
und verbrannte nicht selten
die Welt und auch uns.
Nun ist sie untergegangen,
und wir spüren ihr nach.

Die Sonne wärmt und verbrennt nicht mehr.
Aber ihr Licht,
das sie uns aus ihrem Nicht-mehr-sein
für unser Leben schenkt,
leuchtet weiter
tief in uns hinein,
und wir spüren ihm nach.

Zwei Kinderlieder

Seifenblasen

Ein Nachdenklied

Wenn ein Kind seinen Glauben verloren
Hat, der ihm im Herzen erfror,
ward ein Erwachsener neu geboren,
der längst seine Träume verlor.

Er wird sie nie wieder begreifen,
betrachtet das nicht `mal als Not,
denn er muß und wird weiter reifen,
und doch steht am End` nur der Tod.

Ideale zerbrechen wie Vasen,
die lang ohne Blumen schon sind.
Und mit derartigen Seifenblasen
Spielt schließlich ja doch nur ein
Kind.

Kinder im Regen

Ein Lied der Hoffnung, zu singen mit offenen Augen!

Kinder, die im Regen steh`n,
Kinder, die nie Sonne seh`n,
gibt es viel zu viele
überall auf der Welt
und auch bei uns!

Kinder, deren Rückgrat längst zerbrochen,
Kinder, die oft schon früh besoffen,
gibt es viel zu viele
überall auf der Welt
und auch bei uns!

Kinder, die vor Hunger sterben,
Kinder, die nur Elend erben,
gibt es viel zu viele
überall auf der Welt
und auch bei uns!

Kinder, die keine Zukunft haben,
Kinder, die dem Tod entgegen darben,
gibt es viel zu viele
überall auf der Welt
und auch bei uns!

Kinder, nur wenn wir mit Euch bauen,
Kinder, nur wenn wir Euch vertrauen,
nur dann gibt's eine Zukunft
für die Menschen dieser Welt
und auch für uns!

Was noch zu fragen bleibt

Angst-Gebet

Ich habe Angst
Ich habe viel und große Angst.
Ich glaube, dass es weniger eine Angst vor dem Tod ist. Es ist mehr eine Angst vor einer ungewissen Zukunft und nicht zuletzt auch vor dem Verlust irdischer Dinge. Dabei bin ich mir durchaus darüber klar, dass das ein schwaches Bild ist. Man hat vor dem Tod Angst. Vielleicht habe ich weniger Angst vor dem Tod, weil ich glaube, dass er nur ein Übergang ist. Mehr Angst als vor dem Tod als dem Endpunkt des Sterbens habe ich vor dem, was danach kommt. Jesus sagt: „Seid getrost, ich habe den Tod überwunden." Lieber Jesus, auch wenn dein Leben hart und dein Sterben grausam war, so hattest du mir gegenüber einen großen Vorteil: Du wusstest, was danach kommt. Auch du hattest Angst! Todesangst! Aber dennoch konntest du sagen: „Vater, ich befehle meinen Geist in Deine Hände". Kann aber ich, der ich eine mir bekannte alte Frau nicht vor ihrem Tod besuchte, der ich mich nicht um Menschen in Not gekümmert habe, obwohl ich die Gelegenheit dazu gehabt hätte, kann auch ich dessen sicher sein?
Vater, ich bitte dich, hilf mir, lass mich ehrlich werden!!!!

Vielleicht haben die Parapsychologen Recht, wenn sie sagen, dass Leben und menschliche Existenz nicht untrennbar mit einander verbunden sind. Das würde aber bedeuten, dass sogar das Ende der Welt von allen Menschen miterlebt werden muss! Wenn es aber an dem ist, so laufen hier alle Religionen zusammen. Doch was hilft mir all` dies`?

Weißt Du, Du sagst auch: „Wer in mir bleibt und ich in ihm, der wird viel Frucht bringen. Wer aber nicht, der wird verbrannt werden.“ Davor habe ich Angst! Das Sterben wird mir hoffentlich nicht so schwer fallen, da ich weiß, dass es mit dem Tod endet. Hoffentlich nützt mir dieses Wissen dann, wenn es darauf ankommt.

Du aber hast die Angst überwunden! Und du streckst deine Hand aus. In meine Richtung!

Gedanken zum Sterben/Tod

Mir fallen zunächst Schlagworte ein wie: lediglich Wechsel der Seinsform. Unmittelbarkeit. Nimmt einem niemand ab. Erlösung von Schmerzen. Unsicherheit vor dem Kommenden. Angst (menschlich-allzu-menschlich). Ich weiß, dass mein Erlöser lebt! (Händel, Messias). Vorfreude auf das Kommende im Hinblick auf Jesu Gnadenzusage. Alleinsein. Alleingelassen-Fühlen.

Sterben lediglich als einen Wechsel der Seinsform irgendeiner an sich unabhängig von der jeweiligen Form absoluten Existenz aufzufassen, und das nicht nur glauben, sondern mittels dieses Konstruktes sogar der nur allzu menschlichen Angst vor dem Unbekannten, das der Tod/das Sterben nun einmal für uns Menschen darstellt, den Schrecken zu nehmen, mag u.U. für Philosophen vom Schlage eines Martin Heidegger oder auch eines Friedrich Nietzsche möglich sein, hilft dem Normal-Sterbenden aber gewiss nicht weiter.

Werde ich bewusst sterben können, wo ich doch bereits manchmal nicht nur meine Glaubens-, sondern sogar meine Lebensfähigkeit bezweifle (doch wer tut das nicht?)? Im Christentum gibt es die absolute Gnadenzusage, wie sie Johannes Brahms in seinem Deutschen Requiem – das er übrigens im Rückblick auf den Tod seiner sehr geliebten Mutter nicht nur komponiert, sondern dessen Texte er auch selbst zusammengestellt hat – m.E. unübertroffen dargestellt

hat. Jesus Christus hat nicht nur Konventionen in vielerlei Hinsicht durchbrochen, sondern letztlich ist er uns Karfreitag/Ostern ein entscheidendes Stück voraus gegangen. Zum einen hat der den Tod überwunden und uns mit Ostern direkt gezeigt, dass der Tod nicht das letzte Wort hat. Zum zweiten aber hat er durch sein Leiden und seinen Tod am Kreuz der Verzweiflung letztlich die Existenzberechtigung genommen. Er war in dieser Hinsicht als Büßer nicht nur der Stellvertreter der gesamten Menschheit im Allgemeinen, sondern er tat es ganz persönlich für jeden einzelnen Menschen, den es bis heute gegeben hat und gibt. Er litt, starb und überwand den Tod ganz gewiss nicht für eine anonyme Masse namens Christenheit. Nein, er tat es ebenso ganz persönlich für mich wie auch ebenso ganz persönlich und unmittelbar für jeden einzelnen Menschen. Er zwingt niemanden, an ihn zu glauben. Aber er schlägt niemals einem Suchenden die Tür vor der Nase zu! Seine Gnadenzusage gilt jedem Einzelnen. Sie ist sehr, sehr persönlich!
Sterben aus christlicher Sicht hat auch etwas von einem Sich-Rufen-Lassen. Sterben heißt also auch, nach Hause kommen zu dürfen, sich nicht mehr gezwungen fühlen, Lasten zu tragen und Wege zu gehen, die über die eigenen Kräfte gehen.

Labormäßig beweisbares Wissen, was nach dem Leben kommt, gibt es nicht und kann es nicht geben. Sterben kann auch ein Sich-tot-quälen (lassen) und vieles mehr sein. Muss es aber nicht! Und was kommt dann? Kommt da noch etwas? Wenn ja, was? Hier gibt es sehr viel Spekulationen und vieles mehr.

Mit dem Sterben ist es wie mit dem Leben: Jeder muss und tut es in letzter Konsequenz für sich allein. Wirklich? Oder doch nur scheinbar? Muss man wirklich diesen letzten Weg ganz allein gehen? Für Christen ist der Tod eben nicht das Ende. Nach Karfreitag kommt Ostern. Und uns gilt damit die Zusage, dass auch für uns der Tod nicht das letzte Wort hat. Gewiss, das kann niemand beweisen. Doch wer beweist mir das Gegenteil?

Leben ohne Urknall?

Klingt doch ganz schön vorgestrig, oder?
Ja, genau, „oder"!
Stand des Wissens ist doch, dass es den Urknall gegeben hat
und sich daraus jede Existenz entwickelt hat.
Und das stimmt so nicht! Denn das hieße ja,
dass es außer der physischen Existenz nichts geben kann.
Und dass das nicht stimmt, ist ebenfalls Stand des Wissens.
Bereits in der Bibel steht zu lesen,
dass die Schöpfung aus Gottes Liebe heraus entstanden ist,
also jegliche physische Existenz eine geistige bedingt,
wobei das Wort „geistig" nur skizziert, was wir nicht fassen können.
Zu definieren ist es jedenfalls nicht.
Warum der Urknall stattfand,
wird letztgültig wissenschaftlich nicht zu klären sein.
Vielleicht hätte er nicht unbedingt kommen müssen.
Aber er war ebenso wenig ein Zufall,
wie Deine Existenz
und meine.
Dahinter steckt sehr viel Anderes, Unfassbares.
Und so, wie bestimmte Strahlungen im Weltall
einen Nachhall des Urknalles darstellen,
nicht den Urknall selbst,

so kann doch alles nicht physisch Bestehende,
können alle Ideale, Ideen und so fort,
und darüber hinaus jegliches Leben
- egal, wie man dieses wiederum zu definieren versuchen mag -
doch auch ein Nachhall der Großen Idee sein,
- nicht aber die Große Idee selbst -,
die die Christen Gottes Liebe nennen,
der geistigen Voraussetzung des Urknalls.
Das heißt dann aber,
dass sogar der Urknall ohne Gottes Liebe nicht stattgefunden haben könnte,
Gottes Liebe – die Große Idee – Grundvoraussetzung für den Urknall war.
Und daraus folgt dann, dass keinerlei Art geistiger Existenz einer physischen zwingend bedarf,
auch wenn wir uns das nun wirklich nicht vorstellen können.
Diese Vorstellungen erscheinen auf Anhieb sinnlos,
abgedreht, verrückt, weltfremd oder was auch immer,
Das mag ja sein, allein,
dass sie NICHT stimmen, beweise mir `mal einer!

Stehen geblieben

Oder

Gedanken zu Weihnachten und Ostern

„Der Sunnwendmann, wo kommt er her?", so beginnt ein Lied, das wir in meiner Kindheit zur Weihnachtszeit gesungen haben, „Siehst Du die Lichter am Weltenbaum glühen" ein anderes. Uns wurde damals gesagt, die Anzahl der Kerzen am „Weihnachts"-baum müsse der Zahl der jährlichen Mondwechsel entsprechen und damit 27 betragen. Die beiden Liedern zugrunde liegenden Gedanken basieren auf der Wintersonnenwende, die es hier schon sehr lange vor der Verbreitung des Christentums gab, und haben mit der christlichen Weihnachtsbotschaft nicht das Geringste zu tun. Schon sehr früh stellte ich die Frage, was wir denn nun zu Weihnachten feiern, heidnische Wintersonnenwende oder christliches Weihnachtsfest? Sind wir letztlich überhaupt wirklich Christen, oder feiert hier das alte Heidentum fröhliche Urstände? Es gab ein Weihnachtsfest – ich mag ca. 12 Jahre alt gewesen sein -, an dem mich dieser Zwiespalt derart fertig machte, dass ich die Familienfeier abrupt verließ, mich auf mein Bett warf und hemmungslos weinte. Mutter sagte später, ich sei wohl nur knapp an einem Nervenzusammenbruch vorbeigekommen.

Bekanntlich kann man nicht zwei Herren gleichzeitig dienen. Das aber wurde uns förmlich anerzogen, und dafür habe ich heute weniger Verständnis denn je!

Gewiss, die Missionare versuchten seinerzeit bekanntlich, auf die zu Bekehrenden dergestalt einzugehen, dass sie ihnen ihre traditionellen Feste nicht nahmen, sondern ihnen vielmehr eine christliche Umdeutung anboten. Damit waren dann alle zufrieden. Allerdings hat sich dann auch niemand mehr darum gekümmert, ob am Ende die heidnischen Feste wirklich durch christliche ersetzt wurden, oder ob nicht der christliche Aspekt lediglich als eine Art Deckmäntelchen diente. Leider ist Letzteres bis heute fraglos der Fall. Das christliche Weihnachtsfest auf die Wintersonnenwende zu legen, war in meinen Augen besonders fatal. Da kann man nämlich scheinbar die Dinge besonders gut mischen. Ein Beispiel: Gott kam als ganz kleines Kind auf die Welt, wuchs etc. Schön, am Tag nach der Wintersonnenwende beginnen die Tage wieder länger zu werden, wächst das Licht. In dem o.a. Lied vom Weltenbaum heißt es später „Wieder geboren ist Lichtvaters Sohn". Mehr Missbrauch geht nicht! Soweit man heute weiß, ist Jesus Christus ca. im September nach unserem heutigen Kalender geboren worden. Hätte man das Fest seiner Geburt dort gelassen, wäre eine solche Vermischung nicht möglich gewesen. Aus dem „Sunnwendmann" wurde der Nikolaus resp. Weihnachtsmann. „Der Sunnwendmann, was bringt er mit?" sagte doch alles!

Doch was steht denn zu Christi Geburt in der Bibel? Und taucht dort ein Nikolaus auf? Nichts von alledem! Bereits im Alten Testament kündet bereits u.a. Jesaja das Kommen des Erlösers an, der allen Menschen die Chance für einen Neuanfang trotz und sogar befreit von all` der Scheiße geben kann und will, die sie wissentlich und unwissentlich bereits fertiggebracht haben und fertig bringen werden. Diese Zusage gilt sogar auch den später Geborenen und schließt selbst uns mit ein! Das hat mit heidnischem Brauchtum überhaupt nichts zu tun, ist etwas völlig anderes! Dass dieses Angebot einer grundlegenden Befreiung eine kritische, schonungslose Selbstreflektion voraussetzt – die Adventszeit nämlich, die alles andere ist als ein reines sich-auf-Weihnachten-Freuen -, ist nicht zu bestreiten. Weihnachten ist zudem kein unbeschwertes Friede-Freude-Eierkuchen, son-dern bezieht seine Berechtigung zwingend aus dem Wissen um Karfreitag und Ostern her. Und sogar im Neuen Testament gibt es mit Johannes dem Täufer eine Art Wegbereiter Jesu, ähnlich einem Herold.

Ostern ist das nächste Stichwort. Unser heutiges Osterfest geht auf ein uraltes Frühlings- und Fruchtbarkeitsfest zurück. Das Ei spielt hier eine ganz zentrale Rolle. Historisch gesehen liegt unser heutiges Osterfest terminlich besser, keine Frage. Die Bibel kennt nun aber weder Osterhase noch Osterei! Sie kennt mit der Passionszeit wie Weihnachten mit dem Advent eine innere Vorbereitung gefolgt von abgrundtiefer Verzweiflung der Menschen am Karfreitag und dem Wunder der österlichen Auferstehung. In und mit der Osternacht wird

Weihnachten vollendet. Weihnachten ist ein Versprechen Gottes an uns Menschen, mit Karfreitag und Ostern wurde diese Zusage dann eingelöst. Wenn das kein Grund zum Freuen ist!

Ein Problem ist sicherlich die Tatsache, dass christliches Brauchtum bei uns im Gegensatz zu heidnischen Bräuchen relativ jung und damit wesentlich weniger tief verwurzelt ist. Aber soll sich jeder Mensch doch entscheiden, was er denn feiern will und damit, was ihm wichtig und wer resp. was er selbst wirklich ist bzw. sein will! Aber das eine wollen, ohne das andere zu lassen, geht nun ein-mal nicht! Man kann nicht zwei Herren gleichzeitig dienen! Und schafft endlich die vielen unsäglichen Legenden ab, die uns den Blick auf das Wesentliche mehr und mehr verstellt haben! „Wärst Du, Kindchen im Kaschubenlande, wärst Du, Kindchen doch bei uns geboren...“, wo ist der Eimer, in den ich mich übergeben kann?!?! „Ich weiß, dass mein Erlöser lebt!!“ setze ich dagegen!

Ich plädiere zudem für Offenheit, auch staatlicherseits: Es gibt gesetzliche Feiertage. Nur bezeichnet sie bitte auch als das, was sie für Euch sind! Wer Wintersonnenwende feiern will, möge das tun, wer Christi Geburt feiern will, tue das. Nur Vermischung und Etikettenschwindel müssen aufhören. Oder legt Weihnachten dorthin, wo es hingehört, nämlich in den ansonsten ohnehin ziemlich feierlosen Herbst.

Christen heute

„Mein ist die Rache“ spricht unser Gott! Das heißt doch, dass wir, die wir seine Kinder sind uns mit ihr nicht mehr abzugeben brauchen! Im Alten Testament, der Bibel der Juden, gilt noch Auge um Auge, Zahn um Zahn. Doch für uns war das `mal, ist lange her! Das brauchen wir nicht mehr! Blutrache ist damit nicht nur nicht mehr gültig, sondern zu einer Reihe von Einzelverbrechen geworden!

Wegen unserer nur allzu menschlichen Fehlerhaftigkeit brauchen wir auch nicht in Sack und Asche zu gehen! Das haben wir seit Ostern nicht mehr nötig! Mit seiner Auferstehung hat uns unser Gott in Jesus Christus das Recht auf gerades Rückgrat und freien Blick wiedergegeben!

Als Gottes Kinder können wir auch nicht beleidigt werden! Gott schuf den Menschen zu seinem Bilde (zu, nicht nach!), zum Bilde Gottes schuf er ihn! Wir sehen also nicht aus wie er. Wie Gott aussieht, kann niemand wissen. Deshalb kann jedes Bild von ihm auch nur ein Symbol sein. (Menschen brauchen Symbole.) Und ein Symbolverbot ist in der Bibel nicht zu finden, sie ist im Gegenteil voll davon. Der Mensch ist hier im Übrigen gattungsspezifisch gemeint, d.h. Gott schuf sowohl Adam als auch Eva zu seinem Bilde! Also sind alle Menschen im selben Maße zu seinem Bilde geschaffen. Gott unterscheidet weder nach Geschlecht noch nach Rasse oder Hautfarbe. Wenn er das nicht tut, mit welchem Recht sollten wir das dann tun?

Klar, die 10 Gebote sind sozusagen die Verfassung von uns Christen. Als unser Herrgott in Person seines Sohnes Jesus Christus in diese Welt kam, kam er zu
100 % als Gott und eben auch zu 100 % als Mensch. Er stellte weltliche Obrigkeiten nicht grundsätzlich infrage. Also können wir Christen in jeder Gesellschaftsform leben, deren Grundwerte mit den 10 Geboten vereinbar sind. was für uns gilt, muss auch für andere gelten.

Und dann singen wir bei unseren Treffen, die wir Gottesdienste nennen, meistens traurige Lieder, obwohl das Neue Testament ausdrücklich Frohe Botschaft genannt werden will! Freuen wir uns doch endlich `mal, und zwar nicht nur nach innen! „Mir ist Erbarmung widerfahren, Erbarmung, deren ich nicht wert" heißt es in einem unserer Lieder. Aber wieso bin ich ihrer nicht wert? Hat nicht Jesus Christus auch ganz persönlich für mich den Tod überwunden? Nee, liebe Leute, so nicht! Klar bin ich der Erbarmung wert! Sonst hätte ich sie ja nicht bekommen! Ich bin Gottes ureigenes Kind, von ihm gewollt (andernfalls wäre ich nicht hier) und grenzenlos geliebt! Kann es Wertvolleres geben als ein Kind Gottes? Auf keinen Fall! Da aber jeder Mensch ein geliebtes Kind Gottes ist - selbst wenn dieser Mensch gar nicht an Gott glaubt! – ist auch jeder andere Mensch genauso wertvoll wie ich.

So, meine Lieben, so geht Christentum! Andere Menschen niedermachen, sich selbst für einen Teelöffel Scheiße halten, das hat ein Christ nicht nötig!
Wir brauchen auch nicht alles selbst zu machen, wir dürfen abgeben, wenn uns etwas zu schwer wird, abnehmen, wenn anderen Menschen etwas zu schwer wird.

Wir dürfen uns all` unserer Fehler, Schwächen und so bewusst sein, das sollen wir sogar bisweilen. Denn nur dann können wir bereuen. Und genau dann „erwischt" uns Gottes Gnade. Wir dürfen uns wieder aufrichten und mit klarem Blick unseren Weg weitergehen. Für das, was uns andere Menschen als Glauben einreden, uns selbst und andere Menschen umzubringen, haben wir nicht nötig! Andere Menschen zu bestimmten Verhaltensweisen zu zwingen, dürfen und brauchen wir auch nicht.

Schließlich sind wir frei,
FREIE CHRISTENMENSCHEN IN UNRUHIGER ZEIT!

Ich glaube

Versuch einer Annäherung

Ja, wenn ich glaube,
was tue ich dann überhaupt?
Nachdenken?
Wissen?
Wahrnehmen?
Wahrnehmung zulassen, ohne sie durch Wissen zu filtern?
Nachdenken, um zu Wissen zu gelangen?
Weil mit mein bisheriges Wissen nicht reicht?
Oder ist Glauben nicht viel mehr ein unerklärliches Wissen,
dass es noch viel mehr gibt,
als wir jemals wissen können?
Doch wenn das wirklich alles wäre,
was sollte das dann überhaupt?
Wäre Glauben dann nicht unnötiger Ballast?
Knüppel, die wir uns selbst zwischen die Beine werfen?
Oder ist Glauben letztlich Selbstbetrug,
in den sich einige Menschen flüchten,
wenn sie nicht mehr weiter wissen?
?
?
?
?
?

Wenn ich glaube, suche ich in der absoluten Gewissheit,
dem, was ich suche, auf der Spur zu sein.
Ja, ich glaube!
Nicht an den alten Mann mit dem weißen Bart meiner
Kindheit.
Und auch nicht an den selbsternannten Stellvertreter in Rom.
Ich glaube nicht an die Kirche.
Sie ist Menschenwerk,
allzu oft in der Geschichte Missbrauchsopfer,
Werkzeug
Und durchaus auch Täter.
Sie ist für mich so etwas wie ein Sportverein
Und meine Firma.
Auch an die Bibel glaube ich nicht.
Auch sie ist Menschenwerk,
immer wieder abgeschrieben und verändert.
?
?
?

Individuum

Berthold Brecht schreibt in seinen Tagebuchaufzeichnungen, die "Eigenheit des Einzelnen wird garantiert durch seine Zugehörigkeit zu mehr als einem Kollektiv". Man fasse diesen Gedanken einmal in ein Bild! Welches Bild sieht man dann? Auf Anhieb fällt mir keines ein. Dieser Gedanke ist allerdings nicht meiner, für mich ist der Stellenwert des Individuums erheblich höher. Für mich sind kollektive Verklumpungen von Individuen und als solche stets nur von maximal sekundärem Wert.

Für mich ist ein jedes Individuum - egal, ob Mensch, Tier, Pflanze, Gedanke oder anderes - ein beweglicher Ring. Doch ist seine Bewegung stets eine Reaktion. Selbst agieren kann er nicht. Er kann sich mit anderen Ringen zu Ketten verbinden und so einen Teil seiner Unverwechselbarkeit aufgeben. Er entsteht als Einzelring und endet wieder als solcher. Zu den Besonderheiten eines solchen Ringes gehört die Fähigkeit, zu klingen. Das kann er allerdings nicht von sich aus, er muss angestoßen werden. Geschieht das durch einen anderen Ring, beginnen beide, zu klingen. Ergeben beide Klänge eine Harmonie, so harmonieren beide Individuen mit einander. Das ist aber nicht zwangsläufig so.

Eine andere Besonderheit ist die Fähigkeit, zu leuchten. Aber dieses Leuchten ist letztlich ein Reflektieren und damit ein Reagieren.

Jedes Individuum reagiert auf jegliche Einflüsse stets einzigartig. Hierin liegt seine Einzigartigkeit. Das bedeutet in letzter Konsequenz: Es kann gut sein, dass ein Individuum völlig unbeeinflusst existieren könnte. Wissen kann man das nicht, denn man würde es nicht bemerken. Die Summe der Lichtreflektionen aller Individuen ist ein strahlend weißes Licht. Fehlt aber das Licht auch nur eines einzigen Individuums oder leuchtet es nicht in voller Klarheit, so leuchtet anstelle des strahlend weißen Lichtes ein flackernder Regenbogen.

Die Summe der Klänge aller Individuen ergibt die Grundharmonie allen Seins. Fehlt der Klang auch nur eines Individuums oder klingt eines nicht voll oder unrein, fehlt es ebenfalls am Gleichgewicht der Schöpfung.

Das bedeutet, dass jedes Individuum, indem es in der Verantwortung für sich selbst steht, im gleichen Maße einen Teil der Verantwortung für das Ganze, für die gesamte Schöpfung und damit auch für jedes Mitgeschöpf trägt. Das klingt wahnsinnig belastend, muss es aber nicht nur nicht sein, sondern beinhaltet eine riesige Chance, an der Schöpfung mitzugestalten: Indem ein Individuum mit sich selbst sorgsam umgeht, schafft es die Voraussetzungen, positive Einflüsse auf andere Mitgeschöpfe auszuüben, und zwar nicht über das willentliche Tun, sondern über das wahrhaftige Sein.

Komm wieder, kleiner Bruder

Irgendwo im Nirgendwo gab es in einer entsetzlichen Nacht einen furchtbaren Kampf. Am nächsten Morgen war scheinbar alles vorüber. Die Sonne kämpfte sich durch Nebelschwaden. Die Luft war schwer zu atmen, es roch nach Schwefel und Dieselabgasen. Das Heidekraut ringsumher war braun. An einem Sandweg stand eine recht verwitterte Bank. Auf dieser saßen zwei alte Männer. Als ich näher kam, machte der eine einladende Handbewegung, und ich setzte mich. Noch während ich näher kam, verschwand der eine Mann, und an seiner Stelle schwebte ein braunes Blatt. Als ich mich gesetzt hatte, war auch der andere Mann verschwunden. Aber neben der Stelle, an der er gesessen hatte, reckte ein nicht sehr großer Baum seine Zweige in die Höhe. Das Blatt stieg in einem plötzlichen Windstoß gen Himmel und war auf einmal verschwunden. Aus den Zweigen hörte ich die leisen Worte „***Komm wieder, kleiner Bruder***“. Dann ertönte ein ganz feines Rauschen, und eine große Menge brauner Blätter, die ich in der Umgebung bisher gar nicht gesehen hatte, stiegen ebenfalls auf und verschwanden wie das eine.

Nun saß ich wieder allein auf der verwitterten Bank. Die Luft wurde klarer und frischer. Alles um mich her gewann so klare Konturen, wie ich es bisher nur unmittelbar nach einem schweren Gewitterschauer kannte. Auf einmal fühlte ich mich nicht mehr allein. Als ich zur Seite schaute, war der Baum verschwunden, und der Alte saß wieder neben mir.

Er bedurfte keiner Worte, um mir folgendes zu sagen: „Du weißt doch, Leben kann man nicht umbringen. Es kann sich allerdings von dieser Welt machen. Wenn es so weitergeht, wie Du und ich es erleben, wird es hier bald kein Leben mehr geben. Mein Bruder und die übrigen Leben sind uns bereits in eine andere Welt vorausgegangen. Wenn wir hier nicht ganz gewaltig aufpassen, werden wir alle ihnen folgen. Diese Welt ist nicht die erste, auf denen unsere Leben Station machen, und es wird nicht die Letzte sein. Aber egal, auf welcher Welt das Leben gerade lebt, auf jeder wird es Leid und Freude geben, Verzweiflung und Glück. Dieser unser Weg wird kein Ende haben."

Mir wurde auf einmal leicht ums Herz. Der Mann verschwand, und aus einem blühenden Sonnenblumenfeld, das plötzlich vor mir lag, ertönte leise, aber unüberhörbar

„**Großer Gott, wir loben Dich**".